ALPHABET
PITTORESQUE

PARIS
PAGNERRE, LIBRAIRE-ÉDITEUR
18, RUE DE SEINE, 18

19675

Venez, Marie, je vais vous apprendre à lire.

ALPHABET
PITTORESQUE

PARIS
PAGNERRE, LIBRAIRE-ÉDITEUR
18, RUE DE SEINE, 18
1858

PARIS. — IMP. SIMON RAÇON ET COMP., RUE D'ERFURTH, 1.

PRÉFACE

Un en-fant stu-di-eux est ai-mé de tout le mon-de.

Un en-fant pa-res-seux est l'ob-jet du mé-pris u-ni-ver-sel.

MAJUSCULES

A B C
D E F
G H I J
K L M

MAJUSCULES

N O P
Q R S
T U V
X Y Z

MINUSCULES

a b c d e

f g h i j

k l m n o

p q r s t

u v w x y

z æ œ

MAJUSCULES ANGLAISES

A B C D E F
G H I J K L
M N O P Q R
S T U V W X
Y Z

CHIFFRES

1 2 3 4 5 6 7 8 9 0

CHIFFRES MÊLÉS

2 1 4 3 6 9 7 5 0 8

VOYELLES

a e i o u

EXERCICES

POUR APPRENDRE A ÉPELER

Sons simples suivis d'une articulation simple.

ab	er	op	id	ap	el
et	nar	gul	sol	got	sit
yp	rat	nas	gat	zul	gol
is	vil	sot	nal	vul	sab
fac	doc	lit	pal	ful	

Mots de trois et quatre syllabes.

ma-da-me. ca-ba-ne.

vir-gu-le. sou-ve-nir.

tor-tu-re. pas-to-ral.

pec-to-ral. cul-bu-te.

ré-col-te. ar-se-nal.

mor-ta-li-té. ri-va-li-té.

thé-o-do-re. ur-ba-ni-té.

pit-to-res-que. en-tre-pre-nant.

EXERCICES

POUR APPRENDRE A LIRE

J'ai-me bien mon pa-pa et ma ma-man. Je pri-e-rai bien Dieu pour eux.

J'ap-pren-drai bien à li-re pour leur plai-re.

Ce-lui qui ne veut ê-tre u-ti-le à per-son-ne n'est pas di-gne de vi-vre en so-ci-é-té.

Un en-fant sa-ge est ai-mé de tous ceux qui le con-nais-sent.

~~~~~~~~~~

Il faut vingt-qua-tre heu-res pour un jour.

Sept jours pour fai-re u-ne se-mai-ne.

On nomme les jours :

>Lundi.
>Mardi.
>Mercredi.
>Jeudi.
>Vendredi.

Samedi.
Dimanche.

Il y a douze mois dans l'année :

Janvier.
Février.
Mars.
Avril.
Mai.
Juin.
Juillet.
Août.
Septembre.
Octobre.
Novembre.
Décembre.

A. Artiste.

B. Marchande de Balais

C. Petit Commissionnaire.

D. PETIT DOMESTIQUE.

E. ENFANT DE CHOEUR.

F. **F**LANEUR.

G.   Gate-sauce.

H. Marchand de Hannetons.

I. Apprenti Imprimeur.

K. Karl le Bohémien.

L. Lycéen.

M. Mousse.

N. Nourrice.

O. PETIT MARCHAND D'OISEAUX.

P. PENSIONNAIRE.

Q. Querelleur.

R. Ramoneur.

S. Saltimbanque.

T. Tambour.

U. Ursule, la vilaine curieuse.

V. VIELLEUSE.

X. Xercès, enfant de troupe.

Y. Yeoman.

PROPRIÉTAIRE CAMPAGNARD EN ANGLETERRE.

Z. ÉCOLIER ZÉLÉ, STUDIEUX.

ALPHABETS

ET

PETITS LIVRES ILLUSTRÉS

POUR LES ENFANTS

Noir, 50 cent.; colorié, 1 fr.

LE FABULISTE DES ENFANTS

ALPHABET MILITAIRE

ALPHABET DES ANIMAUX — ALPHABET PITTORESQUE

ALPHABET DES OISEAUX

PARIS. — IMP. SIMON RAÇON ET COMP., RUE D'ERFURTH, 1.